LE PARLEMENT

DE PARIS

ÉTABLI AU SCIOTO.

SUR LES BORDS DE L'OYO.

Et se trouve à PARIS, chez tous les Marchands
de Nouveautés.

———

1790.

ON a depuis quelque tems fi fouvent parlé du Scioto que tout le monde connoît cette large & longue riviere, dont le territoire par où elle paffe a pris le nom, & qui fait partie de l'Amérique Septentrionale.

Tous les Voyageurs s'accordent à relever la beauté de ce Pays, dont les productions ne font pas moins excellentes que variées ; Pays qui n'attend que des cultivateurs pour fe prêter aux defirs des hommes, & pour fatisfaire leurs goûts, Pays dont le récit pittorefque a tellement enthoufiafmé les efprits, que des familles entieres ont formé le projet de s'y établir.

On en a donné plufieurs plans relatifs à ce deffein, & l'on fe fait une fête d'y former un Empire infiniment plus riche & plus beau que celui de la France. On ne penfe pas qu'il faut l'écoulement de plufieurs générations avant qu'un fol inculte uniſſe l'agréable à l'utile & devienne habitable, mais on ſe perſuade qu'il ne s'agit que de ſe tranſporter ; & voilà pour-quoi le Parlement, qui ne peut plus agir dans ces contrées, s'établit à l'Amérique Septentrionale, aſſuré d'y trouver avec uſure ce qu'on lui enlève ici.

Il n'y a, dans de pareilles circonſtances, que le premier pas qui coûte, & il eſt fait. Le Scioto a des Juges, & quand il aura des Académiciens, il deviendra tout au moins le rival de la France & de Paris.

On s'étonnera, ſans doute, de la cé-lérité avec laquelle s'exécutent les plans dont il eſt ici queſtion, & de la rapi-dité avec laquelle on en reçoit les nou-velles ; mais les Fées ſont de la partie, & leur enchantement n'eſt pas plus extraor-dinaire que tout ce que nous voyons.

LE

LE PARLEMENT

DE PARIS

ÉTABLI AU SCIOTO.

Il avoit échappé à la vue perçante de l'immortel Franklin, ce grand & mémorable événement qui fait le sujet de cet ouvrage, & jamais notre Philosophe, malgré son adresse à lorgner l'avenir, ne l'eût soupçonné.

Quelle apparence, en effet, que des Magistrats qui n'alloient jamais plus loin qu'au Grands-Augustins & à Notre-Dame, & qui même s'y faisoient porter la quëue, traîneroient jusque sur les confins de la Pensylvanie, leur gravité, leurs hermines, leurs mortiers.

Cependant l'aventure de cet étrange déplacement s'est réalisée, & celui qui le pre-

A

mier propofa la convocation des Etats-Généraux, a déterminé l'antique Sénat de Paris
à prendre ce violent parti.

Il y avoit des fiècles que ce Corps fameux
fiégoit avec orgueil fur les Fleurs-de-lys, &
qu'à force de les froiffer, il fe croyoit rival
des Princes qui les portent de droit dans leur
Couronne, & dans leur Ecuffon.

De-là, ces coups d'autorité qui le rendoit for-
midable, ces Remontrances fi fouvent rebat-
tues, l'épouventail des Monarques, & l'oppofition au bien général, ces refus de juftice
aux malheureux fans protection, ces lenteurs
à juger des innocens qui languiffoient dans
des cachots, ces exactions de la part des Secrétaires, ces retours de chicane qui rendoient
équivoque la caufe même la plus jufte, cette
opiniâtreté à rejetter tous ce qui touchoit
aux intérêts de la Magiftrature ; enfin, ce ba-
vardage éternel qui jettoit de la pouffière
aux yeux, & qui faifoit prendre du cuivre
pour de l'or.

Il y avoit long-tems qu'on gémiffoit fur
ces énormes abus, & que les Chanceliers ne
pouvoient les déraciner.

Le Maupeou avoit fu l'efcamoter, ce
Corps redoutable & nombreux, mais pour

lui fubftituer une troupe d'aveugles ; de
fourds & de boiteux.

Il ne manquoit à cette cataftrophe que
celle où le Lamoignon, d'accord avec le
Prelat de Brienne, projettèrent de transfor-
mer le Parlement dans une Cour Pléniere.

Son oppofition à l'enregitrement du papier timbré, & de l'impôt territorial, fouleva
prefque tous les efprits. On ne vit dans les
Magiftrats que de grands terriers qui ne
vouloient rien payer, & qui fe montroient
autant ennemis du peuple, qu'ils l'avoient
paru lorfqu'il fut queftion d'abolir les cor-
vées. On fait qu'ils jettèrent les hauts cris,
pour qu'on les laiffât fubfifter.

Alors le Palais fe changea en un corps-de-
garde, on tint le Parlement aux arrêts pendant une nuit, on arracha deux de fes Membres qu'on relegua dans des exils, on fuf-
pendit la juftice, & malgré ces coups de fureur le Parlement fubfifteroit encore, fi un
de fes Magiftrats, autant impétueux que fo-
phiftique, n'avoit propofé les Etats-Généraux.

Funefte voix qui fe fit entendre de toutes
parts, qui retentit aux pieds du Trône, qui
parvint jufqu'aux extrémités du Royaume ;
& foudain les efprits, dans une effervefcence
qui n'a pas d'exemple s'enflâmerent. On

(4)

n'imagina plus d'autre moyen de fauver la France, le Parlement lui-même reconnut qu'il n'avoit pas droit d'enregitrer les impôts, & Paris, comme les Provinces, brûla du defir de voir la Nation affemblée.

Déjà les élections ont lieu, les cloches fonnent, les Citoyens fe réuniffent, les Députés partent munis des cahiers de chaque Province, & les Etats-Généraux, à la fuite de l'Affemblée des Notables, s'ouvrent à Verfailles le 4 Mai 1789, avec toute la pompe qu'exige un pareil événement.

Après les plus vifs débats, les trois Ordres fe confondent, il n'y a plus de Clergé, plus de Nobleffe ; le Corps des François paroît fuffire pour difcuter, fans prévention & fans partialité, les véritables intérêts de la Patrie.

Mais hélas ! de controverfe en controverfe, de motion en motion, l'on propofe de vendre les biens eccléfiaftiques, de fupprimer les Moines & les Monaftères, d'établir un nouvel ordre judiciaire, d'anéantir enfin les Parlemens.

Les Parlemens, grand Dieu ! Ces Corps, inamovibles, ces Corps fi fouvent détruits en apparence, & toujours renaiffans, ces Corps faifant partie des Ducs & Pairs, ces Corps tenant au Trône, associés à la Monarchie, ces Corps qui en imposoient aux Rois, qui cassoient leurs testamens, ces Corps arbitres de la fortune & de la vie des plus grands Seigneurs, ces Corps à jamais célebres par les noms les plus distingués, ces Corps enfin qui sembloient aussi difficiles à détruire que les Jannissaires à Constantinople, & que les Strélitz en Moscovie.

A ce coup de foudre, le Magistrat qui avoit osé proposer la convocation des Etats-Généraux, se renverse, il perd la respiration, il n'y est plus, & son ame déjà fugitive ne revient qu'à l'aide des gouttes d'angleterre, & de l'alkali volatil.

A peine a-t-il repris ces sens qu'on le traîne chez un de ses amis, son confident, son tout : il le trouve à table. . . .

Eh quoi! tu soupes, lui dit-il, pendant que tout est perdu . . . Fais disparoître ces mêts, renvoye ton monde, & parlons, s'il m'est possible de proférer encore quelques mots.

Ah! je suis. . . . . . .

Explique toi. . . . .

Un moment. . . . . la douleur me suffoque.

De quoi s'agit il donc ?

Je fuis la caufe du plus grand des malheurs. . . . oh! non ; je n'y furvivrai pas. . . .

Mais on ne peut te mettre à la Baftille,
puifqu'il n'y en a plus. . . . voudroit-on t'ac-
crocher à la lanterne ? C'eft un peu plus
férieux.

Bagatelle. . . . . .

Je crains Dieu, cher Abner, & n'ai pas d'autre crainte. . . .

Encore un fois. . . . quelle eft la caufe de
ton trouble ? . . . .

Les Parlemens reçurent hier au foir l'Ex-
trême-Onction, & ils viennent d'expirer. . . .

Mais ce ne fera pas fans retour, nous les
avons vu fi bas ?

Oui fans doute, mais ils grouilloient encore, & ils ne remuent plus.

Eh ! qui les a tué ?

Un Camus, un Chapelier, un Treilhard,
un Thouret.

Qui? ces hommuncules, ces petits Avocats,
ou plutôt avortons, que nous appellions *Maîtres*, par dérifion, & qui n'étoient maîtres de
rien. . . .

Eux-mêmes.

C'eft réellement mourir deux fois, *bis vi-
deor mori*. L'on y reconnoît le coup de pied
de l'âne donné au lion.

Quelle double ingratitude de la part de ce Camus, qui doit tout ce qu'il eſt au Parlement, ainſi qu'au Clergé, & qui, tout en faiſant le dévot, porte une main immonde ſur des choſes ſacrées.

Mais il n'y a point de tems à perdre, j'ai un projet, car le ciel me donna un eſprit fécond en lumières; un projet, le ſeul que le Parlement puiſſe & doive adopter. Il ne s'agit point de reſſuſciter ſur cette terre ingrate & maudite, elle eſt indigne de cette faveur.

Mais je ne puis rien dire que tout le Corps ne ſoit aſſemblé.

Et où diable le réunir? comment le convoquer?

Dans une Egliſe? tous les Diſtricts & tous les Corps-de-gardes s'en ſont emparés. Dans le Palais? il n'y a pas moyen.

N'importe, par tout: en plein champ s'il le faut; on y dit bien la meſſe, on pourra bien y tenir une ſéance.

On choiſit enfin un jeu de paulme pour faire le ſecond tome de l'Aſſemblée Nationale, & nuitament on s'y trouva.

Un petit Huiſſier diſcret, auſſi agile qu'un vent coulis, paſſa chez chaque Membre du feu Parlement, à l'inſtance du donneur d'avis, & l'aſſemblée ſe tint comme on l'avoit deſiré.

Entre minuit & une heure, tems où la plus grande partie de Paris repofe, où les joueurs font collés autour d'un tapis, & maudiſſent leur exiſtence, où les foupeurs s'occupent à compter fleurette à quelque précieuſe ridicule, ou à politiquer à tors & à travers, nos Magiſtrats filent deux à deux, de manière à completter le nombre de plus de cent.

L'oracle paroît, & c'eſt là que des mots, auſſi pathétiques que des pleurs, expriment fon fublime deſſein.

Il étoit hardi comme lui-même, & vaſte comme fon génie.

Vous n'ignorez pas, Meſſieurs, leur dit-il d'une voix entrecoupée de fanglots, que nous étions encore hier, & qu'aujourd'hui nous ne fommes plus; & ce qui m'accable de douleur, & ce qui m'accompagnera juſqu'au tombeau, c'eſt que moi-même, oui moi-même je fuis caufe de cette énorme calamité, *même adfum qui feci in me convertite ferrum.*

Ici l'Orateur fe trouva mal, & il ne revint de fa pamoifon, qu'après avoir avalé quelques gouttes d'eau des Carmes.

Ah ! dit-il d'une voix foible, d'où reviens-je ? eh ! comment ! encore une fois des portes de la mort ?

Mes intentions furent pures. Je puis fans pâlir en attefter les Cieux ; je voyois, oui je voyois, Meffieurs, que ceux qui rendoient la juftice, avec une application infatigable, en prévenant le lever du foleil, en fe rendant au Palais, fans autre intérêt que celui de défendre la caufe de la veuve & de l'orphelin, étoient traités, par les Miniftres, comme des criminels de lèze-Majefté ; je les voyois en butte à la haine d'un peuple qu'on ameute comme on veut ; je voyois que s'il refufoient d'enregitrer un édit, on les accabloit de malédictions, & que fi au contraire ils l'admettoient, ils éprouvoient la même injuftice ; je voyois que le gouffre qui abforboit chaque jour les reffources du Royaume, étoit un abîme fans fond, que les Miniftres, qui fe fuccédoient avec une rapidité furprenante, n'arrivoient à la Cour que pour gafpiller le tréfor royal, & pour s'enrichir, que le defpotifme pefoit fur tous les états, excepté fur la prélature, qu'on chargeoit de bénifices, & qu'on laiffoit jouir d'une autorité révoltante ; je voyois enfin que les exécrables lettres de cachet pleuvoient fur toutes les conditions, que la Baftille, Pierre-Encife, le donjon de Vincennes, ne ceffoient de s'ouvrir & de fe refermer impitoyablement ſur des hommes qui n'avoient d'autre crime que d'avoir des calomniateurs ou des envieux. Il me ſembloit entendre le bruit effrayant de ces énormes verroux qui privoient un Citoyen de tout commerce avec les vivans, & de la lumière du jour que l'Eternel fait luire indiſtinctement ſur les bons & ſur les méchans . *qui ſolem ſuum oriri facit ſuper bonos & malos.*

Cette perſpective , je l'avoue , me cauſa les plus vives convulſions, mon zèle s'alluma, & je me dis à moi même, ces maux ſont trop grands pour toujours durer, & je m'imaginai qu'il n'y avoit d'autre moyen que d'aſſembler les Etats-Généraux.

Oui, Meſſieurs, je l'avoue, ce fut moi qui les propoſai, quoique d'autres ayent voulu s'en faire honneur ; mais quel honneur ! Une démarche dont je rougis maintenant , une phraſe téméraire dont je porte la peine ainſi que vous, Meſſieurs.

Encore s'il n'y avoit que moi de puni, je trouverois ma conſolation dans mes bonnes intentions, mais j'ai attiré ſur vous les malheurs que vous éprouvés, en voulant empêcher ces exils qui vous arrachoient à vos fonctions, à vos familles, & qui vous avoient,

ſous le Maupeou de fâcheuſe mémoire, impitoyablement relégué dans des déſerts.

Je croyois que des Etats-Généraux vous
aſſocieroient à leurs travaux, quand il ſeroit
queſtion de réformer les abus dont nous gé-
miſſions les premiers, & que le Parlement,
de concert avec eux, reprendroit une nouvelle vigueur pour adminiſtrer la juſtice, telle
qu'elle doit être exercée, ſans partialité, ſans
négligence & ſans acception de perſonne.

Je m'avoue trois fois coupable, & je repete
ici du fond du mon cœur le *mea culpa*, le
maxima culpa dont Dieu lui-même ſe con-
tente, lorſque l'homme a oſé l'offenſer.

Vous devez, ſans doute, vous reprocher
de m'avoir admis dans votre illuſtre Compagnie, mais la démarche que je fais aujour-
d'hui , mais la manière dont je veux réparer
vos malheurs, doit vous faire oublier mes
torts involontaires. Il a péché, direz vous
un jour, mais la faute qu'il commit fut heu-
reuſe. *Felix culpa.*

Elle le ſera, en effet, lorſque transférez,
par mon avis, dans la plus belle région du
monde, ſur le ſol le plus fertile, ſous le Ciel
le plus pur, vous n'aurez plus rien à redouter ni du deſpotiſme, ni de la vengeance,
ni de la jalouſie.

Je me le repréfente ce fejour enchanté, où vous verrez fe renouveller l'âge d'or ; que dis-je ! où vous le ramenerez vous-mêmes , & où vous n'aurez en arrivant ni des Miniftres à combattre, ni des Avocats à craindre ; mais où pleinement libres de vos volontés, vous réglerez vos fonctions comme il vous plaira , & où vous ne trouverez que des ames vierges dont vous difpoferez à votre gré.

C'eft affez , Meffieurs, & même trop vous tenir en fufpens ; je parle ici de ce pays falubre & fécond, dont la defcription a déjà enflamé le cœur de plufieurs François qui veulent s'y retirer , & où je me rends moi-même au cas que vous ne vouliez point agréer mon projet.

Je parle du *Scioto* qui, dans l'Amérique Septentrionale tient à la Penfylvanie, & où des arbres, auffi élevés que les plus fuperbes chênes , prefque auffi anciens que la terre où on les a planté, vous promettent des bois de conftruction en tout genre, où l'herbe la plus excellente & la plus touffue fert à la nourriture d'une multitude innombrable de beftiaux, où le gibier le plus exquis, les poiffons les plus volumineux ne coûtent que le plaifir de la chaffe & de la pêche , où le fleuve de l'Oyo , qui parcourt neuf cents lieues de pays, tranfportera pompeufement quelque jour vos Ordonnances & vos Arrêts, où vous verrez infenfiblement aborder les Iroquois, & les Sauvages venir implorer votre juflice & recevoir vos Loix.

Vous n'étiez ici que des Juges, vous ferez là-bas des Légiflateurs. Les affaires de l'Etat que vous formerez feront entre vos mains, & le Code civil, comme le Code criminel, deviendra votre ouvrage.

Vous n'entendrez plus crier *Arrêt du Confeil qui caffe l'Arrêt du Parlement*, on ne vous mandera plus *à Verfailles*, vous ignorerez jufqu'au nom *de Lit de Juflice*, ce Lit où la Juflice dormoit; & fi, par hafard, on exile, il n'y aura que vous qui pourrez exiler.

Si quelque chofe peut me rendre à moimême, fi quelque heureufe deflinée peut repandre dans mon ame autant de confolation, que votre difgrace y a verfé de chagrins & de remords, ce ne peut être qu'une pareille trafmigration. N'écoutez, Meffieurs, je vous en conjure, ni le cri de vos époufes, ni celui de vos enfans, il faut favoir être Romain.

D'ailleurs, il eft facile de ne pas vous féparer de vos familles, vous les emmenerez avec vous, & déja mon imagination s'al lume, & me repréſente la mer couverte des bâtimens qui vous tranſporteront.

Dépôt ſacré qui ſera vu du Ciel d'un œil propice, & que les tempê.es ſauront reſpecter. Elles ſeront mille fois moins farouches & moins cruelles, à votre égard que ne l'ont été vos Concitoyens, qui oſent abolir juſqu'à votre nom, juſqu'à vos habits. Partez, encore une fois partez.

Les zéphyrs du Scioto enfleront avec une eſpèce d'orgueil vos robes écarlates, lorſque vous vous rendrez en cortège au Palais qu'on fabriquera ſur le champ par vos ordres. On vous chaſſe de celui-ci lorſque la bâtiſſe en eſt achevée, mais vous en ferez ériger un ſuperbe qui ne ſera gêné ni par la diſtribution des rues, ni par la diſpoſition des maiſons.

Bientôt une ville s'élévera par vos ſoins, & de même que Penn a nommé celle qu'il bâtit *Philadelphie* ou *la Cité de l'Union*, vous appellerez celle-ci *Ville de la Juſtice*.

Au reſte, Meſſieurs, vous direz à vos épouſes que les femmes des Magiſtrats ſont faites pour prendre part à leurs diſgraces, & pour s'attendre à tous les événemens. Combien ne tremblèrent-elles pas quand les Membres du Parlement, ſous Louis XI, ayant à leur tête le Préſident de la Vacquerie ; vinrent offrir leurs vies à ce Roi tyran, plutôt que d'enregiſtrer. Elles s'écrièrent toutes dans la douleur : leurs vies, grand Dieu ! Eh ! qu'allons-nous devenir ? Enſuite elles s'armérent d'un courage héroïque qui les a rendues immortelles.

J'ajouterai, Meſſieurs & illuſtres Collègues, que ſi des Princes du Sang, ſi le Frère du Roi lui-même, ſi enfin un nombre de Seigneurs ont paſſé dans des terres étrangeres, nous pouvons bien nous y rendre, & d'autant plus que votre Archevêque vous a donné l'exemple, à la différence qu'ils ſont là comme fugitifs & comme errans, au lieu que vous irez au Scioto pour y être des puiſſances & des dominations.

L'Aſſemblée lui fit quelques obſervations, lui pardonna ſes écarts en faveur de ſes bonnes intentions & de ſa franchiſe, & ſe ſépara vers les deux heures du matin en diſant qu'on feroit attention au projet. On revint *à catimini*, comme on étoit allé, & ce fut pour trouver les épouſes les plus inquiettes & les plus curieuſes.

Il n'y eut pas moyen de dormir avant de leur avoir révélé le ſecret, & dès qu'une Préſidente, petite Maîtreſſe, entendit parler du Scioto, elle s'écria : le nom m'en déplaît ; & si c'est à plus de trente lieues d'ici, je déclare que je n'y vais pas.

Mais Madame. . . . . . Mais Monsieur. . . .

Eh! quelle figure voulez-vous faire ici déformais après avoir été Présidente à Mortier ? . . . . .

Sachez, Monsieur, qu'on la fait toujours belle, quand on est riche & jolie ; il faut d'ailleurs que l'Assemblée Nationale me démarie si elle vous dépouille de votre dignité, car j'ai voulu épouser, & j'ai épousé réellement un Président à mortier ; sans cela mon père n'eût jamais consenti à mon établissement ; & voilà comme votre Assemblée Nationale respecte les propriétés.

Madame, la raison du plus fort est toujours la meilleure.

Le Scioto, mon Dieu! cela m'est antipathique ; mais en attendant dormons. Je ne comprends pas qu'une tête exaltée, qui vous a mis dans le précipice, ait encore de l'ascendant sur vos esprits : c'est un fou vraiment né pour faire des sottises, & pour être, outre cela, de moitié dans toutes celles qui se feront.

Quelques femmes courageuses dirent qu'elles partiroient ; mais après qu'on les eut bien

assuré

affuré que la mer feroit toujours calme, & qu'on leur porteroit la queue au Scioto.

Moitié figue, moitié raifin, après bien des conférences noêturnes & bien des indéci-fions, l'on opina enfin qu'on partiroit, l'Af-femblée ayant décrété que l'homme étoit maître d'aller par-tout où bon lui fembleroit

Cette nouvelle fit le plus grand bruit, & l'on ne vint à bout de la perfuader que parce qu'on voit des chofes fi extraordinaires qu'on n'eft plus furpris de rien.

L'hiftoire des préparatifs de l'emballage & du départ fût vraiment comique. L'Ile Saint-Louis, le Marais en reffentirent une com-motion qu'on ne peut rendre. Le Parlement qui habite en partie ces lieux folitaires comme étant plus affortis à fa dignité, que le Palais-Royal, où tous les vices & où toutes les folies fe donnent de fréquentes accolades, s'éparpilla de tous côtés, pour faire des adieux. Les maris pleurerent, les beaux-peres jurerent, & ce fût un conflit de colere & de douleur qu'il eft impoffible de rendre.

Au Scioto, au-delà des mers, à deux mille lieues d'ici! rien de plus fou, difoit-on dans toutes les Sociétés Robinocrates.

Oui, s'écrioit une groffe Financière qui avoit donné fa fille aînée à un Confeiller, j'ai prefqu'envie d'aller étrangler ce M. *Tempête* qui a bouleverfé tout le Parlemnt & qui ne le quittera que lorfqu'il l'aura enfeveli dans les eaux. Il y auroit des volumes fi l'on s'avifoit de vouloir rapporter tous les propos qui fe tinrent à ce fujet ; le commérage eft de tous les états, & les femmes de Magiftrats n'en font pas plus exemptes que les autres.

Enfin, tout en juraillant, on emballa ce qu'on crut devoir emporter ; Madame la Confeillère vouloit fon chien ; Madame la Préfidente, fon chat ; Madame l'Avocate Générale, fon abbé ; il fallut, pour avoir la paix, tout leur accorder ; mais la circonftance la plus plaifante fût celle où l'on raffembla tous les éventails, tous les bonnets, tous les fards, toutes les odeurs & certains petits livres mignons que certains maris ne devoient point voir. On avoit imaginé un ftratagême fingulier, on avoit mis à la tête & fur le dos des livres un titre de morale ou de piété aux ouvrages licentieux, & le Magiftrat le plus dévot y étoit pris.

La mêche s'éventa. En ouvrant un livre par le milieu, on lut l'Art d'Aimer d'Ovide, tandis que le titre portoit *la vie de St-Ovide:* La fupercherie n'étoit pas mal imaginée

& fans un domeftique étourdi, on n'en manque pas, c'étoit un petit myftère qu'on n'eût jamais dévoilé.

Il n'y a pas de doute que les maris n'euffent mis leur chère moitié dans des couvens ; mais les Monaftères étoient ouverts à tous les mondains, & de clôture il n'en exiftoit plus.

On entendit de grands débats relativement aux livres qu'on devoit emporter ou laiffer, & fouvent, pour les terminer, Monfieur jettoit au feu ce que Madame vouloit abfolument conferver.

Le Scioto étoit toujours un épouvantail à raifon de l'éloignement. On promena fur la Seine, pendant quelques jours, nos Préfidentes & nos Confeillères pour les familiarifer avec l'eau.

Mais la mer eft falée, difoient les précieufes qui faifoient ces effais : eh ! que diable vous importe, leur répondoit-on, fi vous ne devez pas l'avaler.

Ce fut un moment de convulfion que celui où l'on remplit les malles & où l'on fit les paquets.

Il y eut des méprifes, à ce fujet, les plus bifarres & les plus comiques. On fit un mélange de livres qui n'a pas d'exemples ; on accola Voltaire à Fréron, Diderot à l'Abbé

Bergier, Helvétius à Fénélon, Sanchez à Pascal, Janſénius à Molina, Queſnel à Berruyer, Bourdalouë au Père Fidèle de Pau, Capucin.

Mais le plus plaiſant étoit de voir des Œuvres qu'on avoit reliées à la hâte, & qui renfermoient, dans le même tome, les conſeſſions de Saint-Auguſtin, & celles de Jean-Jacques Rouſſeau, les lettres de Sainte-Thérèſe, & les lettres galantes du Chevalier d'Er. La vie de Sainte-Monique, & celle de Ninon de l'Enclos, l'Imitation & les œuvres de Pyrron, le théâtre françois, & les méditations d'Abely.

On s'étoit également trompé pour les eſtampes, on avoit mis, tant la précipitation étoit grande, dans le même exemplaire d'un ouvrage philoſophique les contes de la Fontaine en images, & la vie de S.-Bruno en figures.

Les titres, pour donner le change aux maris, étoient ſouvent altérés, & même ſupprimés; femme qui veut tromper ſon époux, dit Montaigne, a mille façons de le faire; il faudra des années pour remettre toutes ces bibliothèques en ordre. Combien n'eût-on pas vu de combats littéraires, & même ſanglans, ſi les Auteurs qu'on aſſocioit ainſi, euſſent eu le moindre ſentiment ? Je ſuis

fûr que leurs manes en auront fouffert, &
que Corneille ne fauroit être à côté de la
Harpe, Fontenelle près de Marmontel, Con-
dillac près de Condorcet, fans éprouver des
tourmens extraordinaires. L'Hiftorien Fleury
ne peut faire que la grimace en voyant fon
ouvrage à côté de celui de Fabre fon conti-
nuateur. Les livres de dévotion ne furent pas
mieux traités, ceux qui les embaloient à la
hâte, les mettoient avec les œuvres de Gré-
court, avec les figures de l'Arétin, avec les
aimables extravagances de l'Ariofte, de forte
que c'étoit le paradis & l'enfer réunis enfemble.

Auffi arriva-t-il, lorfqu'on fut rendu au
Scioto, qu'une *Magiftrate* toute confite en
piété, trouva dans fon Pfeautier, par le ridicule mélange qu'on avoit fait, précifement
en tournant une page, un lambeau de Co-
médie ; elle s'évanouit, penfant que le diable, lui-même en perfonne, étoit venu lui
jouer un pareil tour. Elle exorcifa le livre,
elle le jetta & n'ofa plus le lire depuis cet
étrange événemenr.

On veut intenter un procès aux relieurs,
aux brocheurs, aux embaleurs ; mais le
moyen ! il faut encore fe taire pour ne pas

faire rire les beaux esprits qui se moquent de
tout aujourd'hui.

Cela n'empêcha pas le Parlement de murmurer, sur-tout lorsqu'il apperçut des Arrêts
de la dernière Chambre de Vacations, avec
des décrets de l'Assemblée Nationale, lorsqu'il vit pêle-mêle des discours d'un le Camus
avec des réquisitoires d'Antoine Séguier, des
diatribes d'un Mirabeau avec des mercuriales
d'un d'Aguesseau. Il n'y put tenir, il auroit volontiers fait mettre au pilory les Auteurs de ces étrangers quiproquo.

On gagna le Havre, on éprouva des pal-
pitations, on se jetta dans des navires, & l'on se
banda les yeux.

Le premier roulis excita les plus grands
cris, on demanda la terre à toute force,
mais il n'y avoit pas moyen, déjà la violence des flots emporte nos voyageuses qui
ne cessent les unes d'éprouver des maux
de cœur, les autres des troubles d'esprit, jus-
qu'à ce qu'on soit plus calme & plus
raisonnable.

Miséricorde ! nous allons périr. Ce fut
toute la conversation de la traversée, si l'on
en excepte certaines interrogations qui faisoient rire le Capitaine. Tantôt on lui deman-

doit si le Scioto étoit plus grand que l'Isle Saint-Louis, tantôt s'il n'avoit jamais vu tomber quelque étoile dans la mer; mais il faut convenir que ces pitoyables demandes ne venoient que de quelques femmes fraîchement sorties du Couvent; les autres en savoient assez pour connoître qu'un astre est chevillé dans les Cieux de manière à ne pas s'en détacher.

Les Magistrats s'amusoient les uns à jouer, les autres à tracer des plans sur leur nouvelle façon d'exister; ils avoient fait recrue de quelques Architectes, de quelques jeunes Médecins, les vieux n'ayant pas voulu partir, de quelques sages femmes, de quelques bons coeffeurs, de quelques Moines & de quelques Abbés, car on aura beau faire, il s'en trouvera par-tout. D'ailleurs on n'étoit pas encore athée & l'on vouloit des Messes, on n'avoit pas encore abjuré le latin & il falloit des Précepteurs. Un requin parut, & ce fut presque la mort des navigateurs, tant ils eurent peur, une baleine donna un coup de queue, & l'on crut toucher à la fin du monde.

Enfin on découvrit les terres du Scioto, & on les toucha; mais quel dénuement, quel vuide, quelle horreur! point d'habitans, point de lits, point de maisons, des serpens de la groſſe eſpèce, voilà toute la ſociété, tandis qu'on s'attendoit à trouver quelques coteries où pouvoir babiller & faire un petit jeu.

L'on s'évanouit, l'on jura, & il n'y eut point d'imprécation dont on ne regalât l'eſprit follet qui avoit conſeillé une pareille équipée.

Qui le croiroit, un Jéſuite oubliant, le mal que les Parlemens firent a ſa Compagnie, ſe trouva là tout exprès pour recevoit nos Magiſtrats qui commençoient à rabattre de leur fierté.

J'ai ici un petit hermitage, leur dit le bon Père, où je vis avec un de mes confrères, qui, dans la bataille qui ſe donna au Paragai, pour élire Roi Nicolas premier, eut trois Capucins tués ſous lui quand les chevaux commencèrent à lui manquer. Il vous offrira ſes ſervices ainſi que moi.

On s'embraſſa de part & d'autre, on s'appella frère, & ce qui paroiſſoit auſſi impoſſible qu'un nid de ſouris dans l'oreille d'un chat, deux Préſidentes à mortier occupèrent les lits de nos deux Jéſuites qui couchèrent par politeſſe au bivac.

Dès le lendemain on abattît des arbres, on fabriqua des cafes, & inſenſiblement on se logea en attendant qu'on fît de petits Palais, car absolument on vouloit être encore plus grand au Scioto qu'on ne l'étoit à Paris.

L'ardeur des ouvriers qui vinrent de toutes parts répondit à celle des Magistrats, qui prirent eux-mêmes la truelle & portèrent l'oiseau. La nécessité donne des ailes & des bras, dit judicieusement Scaron. On se double, on se triple, on se quadruple, on se multiplie, quand il est question de se giter ou de se garantir des élémens.

Le Scioto se peuploit insensiblement au point que d'un jour à l'autre on lui trouvoit plus de ressemblance avec l'Europe.

On n'insulta plus le donneur d'avis, & l'on convint unanimement que son conseil avoit été bon ; mais il falloit des plaideurs, c'étoit l'essentiel, & des plaideurs qui fussent payer. Dame justice ou plutôt son fantome, veut du numéraire ; car, hélas ! l'on aura beau faire, les hommes n'auront jamais gueres que son ombre, selon le dire de Virgile, qui prétend qu'Astrée quitta la terre pour n'y plus revenir.

On attendoit un brûlot chargé de Procureurs & d'Avocats, gens armés de gueules & de griffes, pour tout envahir, & il arriva.

Avec une pareille recrue l'on ne peut man-

quer de réuffir. On débuta par un factum
contre un pauvre diable qu'on attaqua fous
un prétexte quelconque, on comptoit fur
l'effet d'une fuberbe profopopée pour donner une idée de l'éloquence du Palais, mais
il en fut de cette figure de rhétorique comme
de la catachrèfe qu'une femme prenoit pour
une groffe injure. Les Colons du Scioto n'é-
toient pas encore naturalifés avec l'éloquence
ni avec la chicane.

Bientôt le tien & le mien devinrent une
fource de divifions.

On donna tout le foin poffible à cette
partie effentielle de la Magiftrature, & il y
eut des Procureurs nommés d'office pour faire
germer des procès, comme la meilleure moif-
fon qu'on puiffe recueillir. On s'occupa de
la fouveraineté comme d'un morceau friand
pour un Parlement transféré; & pour mieux
s'affurer de la chofe, on fe conftitua Roi de
de la nouvelle Colonie. Il n'y avoit point
à craindre que l'Affemblée Nationale en-
voyât jufqu'au Scioto déranger ces projets.

Il arriva du monde en affez grande quan-
tité pour former une Ville naiffante, on la
nomma par la fuite *la ville de Thémis.*

Les petites maîtreffes prirent plaifir à élever des beftiaux. Chaque Confeillère eût fa

vache & son taureau , comme nos élégantes ont ici leur chat ou leur chien , & l'on fit une espèce de promenade aussi majestueuse que le Palais-Royal est ginguet , c'étoient des allées à perte de vue de trente & quarante lieues de longueur , & dont un seul arbre eût ombragé tout le Palais en question , où des torrens d'eaux écumantes & plus blanches que l'albâtre , formoient de charmantes prespectives , où des gazons produits par la nature , dont l'herbe touffue offroit des lits de repos & délassoit le voyageur dès le moment qu'il alloit s'y asseoir.

Les choses enfin devinrent telles qu'on oublia presque Paris , & que l'on convint qu'il y avoit dans l'Univers des Isles qui valoient bien celle de Saint-Louis , malgré l'opiniâtreté des *Maîtresses* , des *Correctrices* , des *Auditrices* des comptes , qui n'en voulurent rien croire , & qui constamment collées à leurs maisons, se croyent perdues dès qu'elles ont seulement passé le pont de la Tournelle ou le pont Marie.

On s'étoit occupé dans la traversée du nouveau plan de justice & on le perfectionnoit, c'est-à-dire, qu'on ne vouloit plus le mot d'épices devenu odieux & qu'on lui substituoit celui de *douceurs*, mais qui tout en douceur excédoient de beaucoup le prix des épices. Profitons des prémices d'un sol fertile, disoit un vieux routier du Palais, qui avoit plus fréquenté la buvette que les audiences, & qui n'en jouissoit pas moins d'une fortune considérable. Il savoit mener chez lui les cliens & les plumer à petit bruit avec une dextérité peu commune.

Le nouveau Code parut, mais écrit avec tant d'art que les plus fins en étoient la duppe, on y retournoit les choses si subtilement, que de nouvelles taxes y sembloient des ménagemens.

Il étoit défendu de rien donner aux Secrétaires des Rapporteurs, mais on établissoit pour leur travail un salaire qui alloit infiniment plus loin que tout ce qu'on pouvoit leur offrir à titre de récompense.

Il y avoit un réglement par lequel il étoit ordonné qu'on classeroit les causes selon l'ancien usage, afin de ne pas donner la préférence au gentilhomme sur l'artisan, à la jolie femme sur celle qui n'a point d'appas, au riche sur le pauvre. C'étoit trop beau pour qu'il n'y eut pas une restriction ; aussi lisoit-on à la suite que les Juges néanmoins se réservoient le droit, dans des cas particuliers, de restraindre ce réglement selon les circonstances.

favoir lorfque la caufe feroit plus ou moins importante.

On faifoit voir les abus d'une Jurifdiction trop étendue, tout en infinuant que rien n'étoit plus à redouter que les caufes jugées dans de petits endroits où les Citoyens étoient tous parens ou tous ennemis , & qu'un Juge qu'on ne connoît point eft bien plus impartial & plus refpecté qu'un Juge connu.

Après avoir crié contre l'inconvenient d'un premier Juge qui nommoit un Rapporteur, on embrouilloit tellement la queftion qu'on finiffoit par convenir que c'étoit encore le mieux.

Les Magiftrats , avant de partir , s'étoient folemnellement juré que le Scioto feroit enchanté de la manière dont on fimplifieroit les chofes pour éviter ces griffonages auffi diffus que ruineux , qui défoloient les pauvres plaideurs , pour abréger des formes qui emportoient prefque toujours le fond & qui devenoient un labyrinthe où l'on ne pouvoit plus trouver le fil de la juftice.

Malgré ces articles fi fages & fi conformes à l'équité, les plumes des Procureurs ne ceffoient de courrir fur le papier , & avec une telle vîteffe qu'un d'entr'eux écrivoit à fon clerc, refté à Paris, venez inceffamment me trouver, on commence ici à mordre à la chicane de manière que du train dont cela va, je dépenferai une pipe d'encre dans mon année. Venez donc, encore une fois, & avec quatre mains fi vous pouvez. Dans un nouvel établiffement on n'en fauroit trop avoir ; nos Seigneurs nous avoient bien promis d'avoir moins de morgue & de vivre amicalement avec nous ; mais, comme dit Horace, on change de climat & non de caractère en courant au-delà des mers. *Non animum mutant qui trans mare currunt.*

Notre Code qu'on vient d'achever eft divin quand on en prend bien le fens. L'homme le plus fagace de notre Corps y a travaillé avec toute la fubtilité que vous lui connoiffez.

On vit bientôt fur la porte de chaque Membre du Parlement un fceptre, une couronne & deux ferpens pour fuppôts, on n'eft pas Souverain pour en cacher les marques ; on voulut écrire aux diverfes Puiffances pour entrer en lice avec elles & pour en être reconnu, & on repondit *attendez*.

Des Boftoniens vinrent au Scioto faire quelques vifites de curiofité, & quelques Boftoniennes y parurent vêtues comme au Palais-Royal, c'eft-à-dire, avec un de ces habits de mousseline, qui ont toujours l'air d'engager quelqu'insolent & de lui dire ne craignez rien, la toilette ne sera pas longue à refaire s'il y a quelque chose de dérangé.

Nos Dames robines étoient toutes étonnées de cet air coquet, & sur-tout de voir à des étrangères des bouches & des yeux comme à Paris.

Il fallut se préparer pour la Messe-Rouge quand la chapelle fut finie, & il faut avouer que la marche des Magistrats quoique précédée de cornes à bouquin & d'une foule d'Iroquois qui sortirent de leurs tanières pour voir le coup-d'œil, formoit un spectacle extrêmement curieux ; l'on avoit appris à quelques Colons à chanter *ça ira, ça ira,* & là comme ici ce fut la même chanson.

On se lamenta beaucoup de ce que l'Abbé Maury ne se trouvoit pas là pour dire la Messe, il en auroit eu les honneurs ; mais il y a dans le cours de la vie de terribles contre tems. Il faut être diablement sage pour n'en pas murmurer,

Notre bon Jésuite s'offrit de lui-même pour faire la cérémonie, & l'on se fâcha sérieusement, non de ce qu'il dit après l'évangile où il parla de ses malheurs & de ceux du Sénat, mais de ce qu'à la fin de la Messe

il fit une abfoute générale & une grande af-
perfion fur tout le Parlement pour que le
Ciel lui pardonnât fes iniquités ; mais le Ré-
verend Père prouva que c'étoit l'ufage du
Miffiffipi, où il avoit paffé du tems & où cette
forme s'obfervoit après toutes les Meffes fo-
lemnelles.

On fe tappa dans la main, on alla boire
enfemble, & l'on fit bien.

Ce fut une orgie où l'on vit arriver trois
Membres de la Chambre des Comptes qui
venoient fonder le terrein pour voir s'il n'y
auroit pas moyen d'y prendre racine ; mais
dès qu'ils furent que les Membres du ci-
devant Parlement de Paris s'établiffoient fou-
verains du lieu, ils décampèrent dans la
nuit, ne demandant pas leur refte. Leurs
femmes leur avoient bien fignifié qu'elles
n'étoient nullement difpofées à faire la fala-
malec à une compagnie qu'elles regardoient
comme fubalterne ; & l'on obfervera à ce
fujet que ce font toujours les femmes qui
brouillent les corps relativement au rang.

Il y eut les caufes les plus abfurdes de la
part de certains fauvages, une fur-tout où
le mari ne vouloit pas garder fa femme,
parce qu'elle refufoit de lui faire le facri-
fice de fa langue, qu'il vouloit abfolument

coupet

couper. Il n'y eut que lorfqu'un homme, défigné pour faire l'amputation, trompa, par fon adreffe, les yeux du barbare époux, que l'affaire finit.

Un autre fauvage vouloit que les juges ordonnaffent qu'un voifin, dont il étoit l'ennemi juré, & qui étoit un méchant homme, fe changeroit en taureau pendant quelques mois, & l'on eut toute la peine du monde à lui prouver la ridicule impôffibilité de fa prétention. Il n'y a pas de doute que ces actes de démence n'avoient lieu que parce que les Procureurs, pour tirer de l'argent de toutes les manières, donnoient dans le fens de ces hommes ftupides.

Les Avocats fe défefpéroient de voir qu'en tenant le plus beau langage, ils mettoient leurs phrafes à fond perdu. Il y en avoit un fur-tout qui n'avoit fondé fa cuifine & le papillotage de fon époufe, que fur la beauté de fes difcours. Auffi écrivoit-il à un prédicateur ariftocrate, dans l'amertume de fon cœur: ah! mon ami, donnez-vous bien de garde de venir ici avec la pacotille de fermons que vous me montrâtes avant de partir.

Ce qu'il y a de plaifant, c'eft que par inadvertence on remit cette lettre à l'Abbé .…., qui dit, ma foi, quoi qu'un partifan outré de

la révolution, je changerois de langage &
de climat, fi le Scioto contenoit affez
d'étrangers capables de m'entendre & de
m'admirer, car au bout du compte, je ne
demande qu'à avoir à tort & à travers de la
célébrité.

On propofa dans le Parlement, nouvellement tranflaté, fi d'après les décrets de l'Affemblée Nationale on n'en feroit point d'une
nature différente. Ce fut un Avocat connu,
qui, extrêmement verbeux, comme ils le
font tous, mit cette queftion fur le tapis;
& l'on jugea, d'après l'idee du préopinant,
qu'on décréteroit à fon tour, mais tout diffé-
remment qu'à l'Affemblée.

En conféquence, il fut ftatué, d'après un
travail qui dura quelques femaines, fur les
droits de la femme, qu'elles étoient toutes
égales dans cette partie. On n'a pas fu fi
c'étoit ou de parler, ou de fubjuguer leurs
maris ; en mettant cependant pour reftriction,
crainte de méprife, que la laide ne feroit
point au même niveau que la belle ; & que
la femme d'efprit ne feroit jamais prife pour
celle qui n'en auroit pas ou qui voudroit
en avoir.

On décréta que les Monarques auroient
une portion du pouvoir légiflatif, & qu'on

les nommeroit toujours avant la Nation ;
parce que le chef eſt toujours en tête &
que dans tout acte quelconque on met un
Maire par exemple le premier, quoiqu'il
doive ſa place à ceux qui l'ont élu.

L'on décréta que la Religion Catholique
ſeroit la dominante, parce que le mot *dominante* ne veut dire ici que la Religion de
la Nation, c'eſt-à-dire, que, pour ſe venger
de l'Aſſemblée, le Parlement s'étudioit à faire
le contraire de ſes décrets.

Parmi les Prêtres & les Moines, que le
Parlement avoit amené, il y avoit douze
grands Vicaires, à vingt-cinq ans chacun, qui
avoient rendu les plus grands ſervices à différens Prélats, on ne ſait dans quel genre
Ils avoient de ſuperbes figures, car il faut
être juſte, & l'on en eſpéroit beaucoup de
fruits ; on comptoit une trentaine de Reli-
gieux. On en avoit pris une paire de chaque Ordre, comme on fit des animaux au tems
de l'Arche ; mais on les attrapa d'une manière cruelle, en leur déclarant qu'ils ne ſe
reproduiroient que par le moyen des noviciats.
Il y en eut qui en pleurèrent de rage ; mais
ce qui parut étrange, ce fut de voir que dès
la première ſemaine de leur débarquement ils
s'occupoient déjà des moyens d'envahir & de

s'arrondir ; il faut dire que ces Moines étoient des transfuges.

Cela occafionna une efcarmouche entre eux & quatre Abbés , & il en réfulta une oreille arrachée & trois nez à demi coupés. Le Parlement eut bientôt mis le hola, il faut avouer qu'il eft prompt quand il s'agit d'exécution.

On délibéra fi l'on appelleroit les Pairs, qui, la plupart éparpillés dans des terres étrangères, n'ont aujourd'hui ni feu , ni lieu. Le décret alloit paffer quand un petit Confeiller à voix grèle fe leva , & dit très fenfément, y penfez vous Meffieurs? n'êtes-vous donc pas affez fatigués des tyrans, & voulez vous de nouveau mettre des entraves à votre liberté en vous donnant des Maîtres ? des Ducs & Pairs, grand Dieu! c'eft-à-dire, des hommes qui nous favoriferoient tout au plus d'un coup-d'œil & qui affecteroient de nous humilier. Rappellez-vous, Meffieurs, qu'ils ne nous voyoient que dans les jours où ils ne pouvoient s'en difpenfer, & qu'alors nous étions là comme le bas chœur ; ils regardoient un Robin comme un atôme, & quand ils faluoient Madame la Préfidente à Mortier, ou Madame la Greffiere en chef, qui fouvent les valoit bien, ils le faifoient d'un air de dérifion.

Il fut en conféquence décidé qu'on fe contenteroit des honneurs de la fouveraineté, c'étoit bien affez. Il y eut un Procureur qui ofa élever la voix, pour dire mais nos Seigneurs pourroient fans doute citer l'Affemblée Nationale à la barre, elle a bien fait venir des Membres des Colonies pour leur laver le chef. Le Parlement ne répondit point & paffa à l'ordre, non du jour, mais de la nuit, car il étoit onze heure du foir.

Le Palais s'achevoit, quelle promptitude ! & on lifoit au frontifpice : *ici l'on juge, l'on condamne, l'on abfout ;* & un petit maître nouvellement arrivé, car il faut qu'ils fe trouvent par tout, ajouta : *à tort & à travers.* Il eut le carcan pour ces deux mots, l'on trouva que c'étoit bien payé.

On fit quelques groffes exécutions pour fe mettre en appétit, jufqu'à ce que les Colons, fatigués d'entendre tous les jours crier des arrêts qui faifoient pendre & rouer, s'élevèrent avec véhémence contre cet ufage ; ils dirent qu'il étoit fans doute furprenant que pour civilifer un pays on commençât par s'armer de fer & de feu, & que fi l'on continuoit de même ils prendroient les armes

& qu'ils chafferoient du pays les *grands dia-bles rouges & noirs* qui venoient les tyranni-fer, car c'eſt ainſi qu'on les nommoit.

On mit de l'eau dans ſon vin & l'on ne pendit de tems en tems que pour n'en pas perdre l'habitude.

On fit du Premier Préſident une eſpèce de Doge qui étoit triennal, & pour ſe mettre ſur la même ligne que les Rois, on en prit les inſignes. C'eſt bien dommage, diſoit une Conſeillere à ce ſujet, qu'il n'y ait pas ici aſſez de monde pour nous voir. On allignoit des rues, & preſque chaque jour voyoit éclore une nouvelle habitation.

Nous avons mal fait, diſoit une petite Maî-treſſe, de ne pas apporter des papiers meu-blans avec nous, on n'en trouvera plus, tout le papier de France devant être déformais employé en aſſignats. C'eſt cependant, Ma-dame, avec cela, lui dit ſon cher mari, qu'on va nous rembourſer.

Les Architeĉtes vinrent demander à la Compagnie s'ils feroient comme ceux de Pa-ris, qui bâtiſſent les maiſons pour autant d'années qu'on veut, & dont on ne paye la bâtiſſe qu'à proportion ; pour moi, dit un Magiſtrat, je demande une maiſon qui ne dure que quatre ans, car on ne ſait pas ce qui peut arriver. Eh ! quoi, lui répondit un de ses confrères, ferions donc nous-affez imbécilles pour retourner quand on nous appelleroit ; pour moi, quelque chofe qui arrive je vous jure, je préfererai fans doute d'être fouverain au Scioto, à n'être dans Paris qu'aux ordres d'un Miniftre. D'ailleurs en quittant cette Ville ingrate, où l'on n'a pas fait la moindre démonftration pour nous conferver, j'ai fecoué la pouffière de mes pieds. Peut-on mentir de la forte, dit un plaifant qui fe trouvoit là, puifqu'il eft certain qu'au moment de votre fugue il pleuvoit à force, & qu'il y avoit un demi pied de boue dans les rues. Retourner à Paris, jufte Ciel ! il n'y a point de liberté comme au Scioto, & jamais tous les Diftricts poffibles n'en procureront une pareille.

Il arriva un convoi de tous les livres de Jurifprudence, des recueils immenfes de tous les Arrêts, le fruit des fiècles & le travail de je ne fais combien de têtes chenues qui paffèrent leur vie dans ce laborieux enfantement. Chacun fe fit un cabinet de cette forte de parure qui donne un air favantaffe à ceux qui ne favent rien.

Avec ma robe de Palais, mon bonnet à la main, une liaffe de papiers fous le bras, il eſt étonnant combien j'en impoſe au public, diſoit un vieux Procureur. Quand je n'avois ni pratique ni ouvrage, je parcourois gravement les rues étant ainſi affublé, & j'entendois dire à quelques marchandes, mon mari tu ferois bien d'appeller ce robin qui paſſe, il ſe chargeroit de notre affaire. On m'arrétoit, on me prioit d'entrer, & je me trouvois bientôt nanti de tout ce qui formoit un bon & long procès.

L'on recevoit régulièrement des nouvelles de tout ce que faiſoit l'Aſſemblée Nationale, c'eſt-à-dire, qu'à Paris on détruiſoit d'anciens abus, qu'au Scioto l'on en créoit de nouveaux. L'on fut tout étonné de voir arriver une cargaiſon de filles du Palais-Royal, qui ne ſachant plus que devenir, vu la diſette du numéraire, (car chez ce petit monde où l'on ne ſait pour l'ordinaire ni lire ni écrire, on n'aime pas le papier), ſe rappellèrent que les Robins, malgré leur morgue, leur étoient d'un revenu aſſuré ; elles étoient accompagnées des plus élégantes marchandes de modes qui venoient avec des bonnets à la d'Orléans, à la Mirabeau, à la Lameth, à la Maury, à la Malouët & à & à.

Les bons Médecins ne furent nullement tentés de venir au Scioto, encore moins de s'y établir. Il n'y a pas d'apparence, difoient - ils , que l'Affemblée Nationale vienne à décréter que les maladies n'auront plus lieu , d'autant plus que la maladie eft tellement identifiée avec la médecine, que par tout où il y aura des Doéteurs, on trouvera toujours beaucoup de malades, les maux les fuivent, comme les procès les Procureurs. Depuis trente ans, difoit un petit Curé, l'on fe portoit bien dans ma paroiffe, & depuis qu'un diable de Doéteur eft venu s'y nicher, parens, amis, voifins, tous meurent, & tout de bon, il donne pour excufe qu'il n'a point de vignes & que ce font fes vendanges.

Le Parlement ne perdoit point la carte, & il fe flattoit d'englober Bofton dans fa Jurifdiction ; mais le trop clairvoyant Franklin avoit donné à fes Compatriotes un Code raifonné qui leur infpire le plus grand éloignement pour le defpotifme, & l'on favoit que la haute Magiftrature ne quittoit Paris que parce qu'elle étoit diablement ariftocrate.

Le Scioto commençoit à devenir un bois de Boulogne pour les duels ; & qui le croiroit ? c'étoient des femmes élégantes qui vouloient abfolument que le Scioto reffemblât en tout à Paris ; des militaires & des robins leur donnoient ce fpeétacle fi cher à leur cœur. En attendant qu'on érigeât un théâtre, on y vit débuter les Raucourt, les Contat, qui, dégoutées de la Constitution Françoise, quoiqu'elle ne soit pas encore à sa maturité, apportoient de vieilles manières & de vieux visages, mais avec la meilleure intention de les rajeunir.

Il arriva une scène qui, pendant quelques jours, devint l'amusement du pays. Un Robin surprit sa femme, & avec qui ? avec un gros Iroquois. Eh ! comment, Madame, lui dit-il en fureur, vous osez vous attacher à une bête ; j'en fremis ! Bête, lui répliqua-t-elle, & moi, je vous jure, Monsieur, qu'il est plus homme que vous.

Dès qu'on fut instruit du nouvel ordre judiciaire dont l'Assemblée Nationale posa les bases, on prit occasion d'en faire des plaisanteries ; les femmes sur-tout s'égayèrent en se figurant des juges en habit ginguet ; au reste, il ne s'agira que d'avoir des culottes qui ne soient pas déchirées, car pour peu qu'on apperçût une pièce ou un trou, le Juge eût-il la science de Cujas, ne feroit rien qui vaille ; on lui diroit comme ce Suisse au Roi de Dannemarck, dont la culotte étoit déboutonnée, *Sire, on voit votre petite Majesté.*

Si l'on a des Juges de Paix, dit un Procureur, le jeu ne vaudra pas la chandelle. La paix dans les armées, la guerre au barreau.

On entretenoit des correspondances. Les Robins sont écrivailleurs. Un Avocat adressoit à sa femme, restée en France, la lettre la plus brûlante, pour l'engager à venir le trouver, d'autant plus qu'il la croyoit passionnée pour son époux.

Mais hélas ! hélas ! on ne put trouver Madame l'Avocate pour lui rendre une lettre si fervente, si capable de causer des spasmes & des pamoisons.

Madame avoit été enlevée la veille par un jeune étourdi qui l'emmenoit au grand galop on ne sait où, pendant que M. l'Avocat faisoit au Scioto des assauts de cœur & d'esprit, pour exprimer à sa moitié la plus vive passion. Voilà ce que c'est d'avoir la mer entre un épouse & soi.

A Paris, comme au Scioto, au Scioto, comme par-tout ailleurs, les femmes se jouent des maris & les maris pareillement ; car qui sait si M. l'Avocat lui-même n'étoit point avec une maîtresse qu'il accabloit de caresses, quand il écrivoit à son épouse la lettre la plus passionnée.

Ce diable d'amour, comme disoit le bon

Rabelais , prend toutes fortes d'encolures pour faire les tours les plus cruels , & l'on arrêteroit plutôt le vent que de pouvoir le mufeler. Il n'y a point de mafcarade qui vaille les fiennes.

Cependant la chicane faifoit entendre fa voix rauque dans tout le Scioto, & la divi-fion, pour caufe d'intérêt, fe mettoit de plus en plus dans les familles. Va, notre bonne amie, lui difoient Procureurs, Rapporteurs, Secrétaires, va te nicher pour quelques inf-tans dans la tête de celui-ci, dans le cœur de celui-là , & tu nous rapporteras un lucre certain.

Des Auteurs faméliques tombèrent par cen-taines dans la nouvelle région, & vîte, vîte, c'eft à qui prendroit la plume pour faire des pamphlets; mais ce ne fut plus ni le même refrain, ni le même ton ; autant les brochures étoient ici démocratiques, autant furent-elles là-bas ariftocratiques. On abboya contre la révolution encore plus qu'on n'avoit vociferé pour la foutenir, & voilà le fond qu'on doit faire fur le patriotifme des écri-vailleurs.

Il y en eut un qui, peut être plus fage que les autres , s'établit à Paris dans une cham-bre qui avoit deux efcaliers & deux portes ;

fur l'une on lifoit : on travaille ici pour les ariftocrates ; fur l'autre, on travaille ici pour les démocrates. Les uns venoient d'un côté, commandoient une brochure & payoient ; les autres, par un chemin oppofé, & fe condui-foient de même. Notre Auteur, par ce moyen, prenoit à toutes mains, & fervoit à fouhait les deux partis.

On dit qu'il a gagné trente mille livres, prefque autant que le petit homme de la rue Quincampoix, qui, pour avoir prêté fa boffe dans le tems du Syftême, comme un point d'appui fur lequel on écrivoit tout à l'aife, fit fa fortune.

Quelques badins, à Paris on n'en manque pas, quoique prefque tout le monde ait pris l'air fanatique & difputeur, afficherent à la porte du Palais qu'on y feroit le 12 Novembre un fervice folemnel pour feu Monfeigneur très-haut, très-puiffant Monfeigneur le Parle-ment, que l'Evêque d'Autun chanteroit la meffe, que l'Abbé Syeyes & l'Abbé Goutte porteroient chappes ; que le deuil, compofé des Péthion, des Robertfpierre, des Lameth, feroit mené par les Treilhard & le Barnave ; que le Fauchet, farci d'épithetes, prononce-roit l'Oraifon funebre ; qu'aux petits autels on diroit des meffes baffes pour le repos éternel de la Chambre des Comptes, de la Cour des Aides, de la Cour des Monnoies ou plutôt des papiers, qu'on n'y fonneroit point les cloches de la Sainte-Chappelle, parce que la veille on les enleveroit pour faire des fous marqués dont on a le plus grand befoin.

Les nouveaux Magiftrats du Scioto ne regardoient pas cette plaifanterie comme une chofe plaifante.

Il falloit les voir avec cette morgue qui ne les abandonne même pas la nuit, ce qui fait qu'un vieux Confeiller conferve fes lunettes même en dormant, la chofe étoit fans doute originale, & valoit bien celle d'un Recteur de l'Univerfité, qui tombant jadis du deuxième étage, difoit gravement : non, depuis la chûte d'Adam il n'y en eut point de comparable à celle-ci.

Malgré les avantages que trouva le Sénat tranfplanté au Scioto, il arriva les plus grands malheurs. L'embarras où l'on fut dans les commencemens, faute de perfonnes capables de remplir les fonctions ordinaires de la vie, occafionna je ne fais combien de défaftres. Un Huiffier chargé de faire la cuifine dans un certain Diftrict, mit tant d'épices dans un ragoût, que plufieurs en périrent ; un feu qu'on devoit tirer fur l'eau & qui coûtoit pro-

digieufement, demeura fans effet, trait d'autant plus furprenant qu'on n'avoit jamais
vu manquer l'artifice au millieu de tant de
Procureurs ; mais chofe bien plus extraordi-
naire & bien plus alarmante, une Confeillere
elle-même fe vit obligée de raccommoder les
chauffes de M. le Confeiller faute de ravau-
deufes. Il falloit l'entendre, à chaque maille
qu'elle reprenoit, maudire l'Affemblée Nationale, maudire fon état, maudire le Scioto.
Elle en écrivit une lettre d'indignation, &
qu'on mit en vaudevilles, car on eft méchant;
mais il faut avouer qu'il n'y a qu'une très-
grande révolution qui puiffe réduire une
femme auffi qualifiée à une pareille extré-
mité. Elle tomba malade quelques jours après,
& comme elle difoit, dans un violent délire,
l'Affemblée Nationale me tuera ; un Médecin
du pays qui favoit mal le françois, s'imagina
que L'ASSEMBLÉE NATIONALE étoit réellement
une maladie, & il feuilletoit tous les diction-
naires & il interrogeoit tout ce qu'il rencon-
troit pour favoir quel étoit donc ce genre de
mal. Il me paroît, difoit-il, que c'eft une
épidémie qui dérange le cerveau de ceux qui
en font attaqués. Chacun rit beaucoup de ce
plaifant quiproquo. L'on a raifon de dire que
les difgraces fe fuccèdent, & qu'un malheur

eſt preſque toujours ſuivi de quelqu'autre. Au momeut même qu'on déballa le coffre énorme qui contenoit le rembourſement des charges des Magiſtrats, & qu'on l'ouvroit, un vent impétueux diſperſe tout-à-coup les Aſſignats, de ſorte que les uns s'attachèrent à la cîme des arbres, les autres furent portés à Philadelphie, à Boſton, au Miſſiſipi, au Canada, ſur les bords des rivières de Muſkiugum, de Hockoching, de Miami, de Wacach, de Kenhawa, de Keutueky, de Buffaloc, de Schawanée, de Cherokée, autant de noms qui firent tomber en ſyncope la ſecte robinocrate. On prétend même qu'un de ces papiers vola juſqu'à la Chine, & que l'Empereur, qui en eut connoiſſance, appella ſes Lettrés pour le déchiffrer, & qu'il réſulta de leur examen que c'étoit un taliſman dont la vertu ne conſiſtoit que dans l'idée qu'on y attachoit, & qui dans des beſoins urgens pouvoit néanmoins guérir de la faim. L'on avoit dit la même choſe à quelques Sauvages des bords de Loyo, qui croyant matériellement cette vérité, s'aviſèrent de mâcher un de ces Aſſignats dont l'ouragan les avoit enrichi, dans la ferme idée que cela les nourriroit.

C'étoit un ſpectacle vraiment curieux que

de

de voir au moment de l'explofion , les jeunes
Confeillers courrir à la pourfuite de leurs
charges dont le vent difpofoit à fon gré. Ils
conjuroient les aquillons, ils prioient le Ciel
de leur remettre en main leur propre bien ,
& ne pas les fruftrer de leur patrimoine ; mais
rien dans le monde n'eft auffi fourd que le
vent , il fait un bruit épouvantable , il entre
avec violence dans les orreilles de tout le
monde , mais il n'en a point pour entendre
des plaignans.

Il y eût , dit-on , cinq à fix Magiftrats
alertes qui raccrochèrent quelques-uns de ces
papiers fugitifs , ce qui penfa caufer la plus
terrible divifion. Ils ne font pas plus à vous
qu'aux autres , difoient ceux-ci , ils font à
nous, puifque nous les avons pris à la volée ,
& que celui qui chaffe devient propriétaire
du gibier qu'il atteint.

Procès intenté, procès plaidé , & qui coûta
bien des frais fans qu'on ait encore pu favoir
qui a perdu ou gagné.

Les Procureurs fe difpofoient à faire durer
cette affaire un an tout au moins, mais le Parlement qui eut toujours la grande main fur
eux , cria d'une voix puiffante, *paix-là*, &
le chicane fe tût.

Un Algonkin vint alors ; (c'eft un Peuple,

qui n'eſt pas ſi ſot qu'on s'imagine, quoiqu'il n'ait jamais lu ni les Sermons débités au Cirque, ni les brochures du Prélat clopinant) apporter une cauſe perdable dans tous les Tribunaux. L'Avocat qu'il conſulta, le Procureur lui-même lui déclarèrent que jamais il ne pourroit la gagner. Rien de plus obſtiné qu'un Algonkin, il ne voulut point démordre de ſon opinion, & la raiſon qu'il en donna, c'eſt que peut-être les Juges ſe tromperoient. Ce que c'eſt que le bon ſens! ils ſe fourvoyèrent en effet, & le Sauvage gagna avec tous les dépens.

Il eſt vrai que comme il ne s'agiſſoit que d'un malheureux Algonkin, on ronfla tant & plus à l'audience, & qu'on ne s'éveilla que pour prononcer au hazard.

Sa partie adverſe qui avoit le bon droit jetta les hauts cris, mais c'étoit une Iroquoiſe laide à faire peur; & d'ailleurs les plus ſaines têtes du Parlement n'avoient point voulu quitter Paris, dès-lors on ne jugeoit pas toujours ſans prévention.

Il faudroit avoir les correſpondances entre les Conſeillères qui reſtèrent à Paris, & celles qui vinrent au Scioto; on les trouveroit curieuſes. Il ne nous eſt tombé que quelques lettres en main qui feront juger du reſte.

En voici une datée de Paris, & qui eſt adreſ-
ſée à une belle-ſœur dont on ne dit pas le nom.

L'Aſſemblée Nationale me donne le coche-
mar, & pour me préſerver de ce mal qui
m'oppreſſe toutes les nuits, je reſpire tous les
ſoirs la fumée de quelques motions qu'on
brûle dans ma chambre, & c'eſt un ſopo-
rifique qui m'endort.

L'Abbé Maury a autant d'ames qu'il a de
membres & de doigts; c'eſt un vigoureux
compère pour toutes les expéditions. On le
dit le Citoyen le plus actif qu'on connoiſſe,
la nuit comme le jour.

La Couſine, toujours vive à ſon ordinaire,
eſt furieuſe contre les Prélats; elle dit qu'ils
aiment mieux mourir d'une indigeſtion que
du martyre, & qu'excepté l'Evêque de Cler-
mont, elle ne donneroit pas de leurs gran-
deurs une pipe de tabac. Ils font de l'Abbé
Maury leur truchement, & s'embarraſſent
fort peu qu'il ſoit aſſaſſiné.

Quand tout cela finira-t-il ? Je crains néanmoins plus que perſonne une contre-révolution. Dieu nous en préſerve; pour moi je
penſe que cela ſe défera de ſoi-même & que
ça n'ira, ça n'ira point.

Le Club des Jacobins eſt maintenant le meilleur ſpectacle de Paris, il a remplacé celui des Convulſionnaires, on dit qu'on y fait des contorſions originales, & qu'on y parle avec une éloquence démoniaque telle qu'on n'en entendit jamais. Notre vieux Conſeiller que je vois toujours avec plaiſir, dit que c'eſt un ſoupirail de l'enfer. Ce qu'il y a de ſûr, c'eſt qu'on y vomit le ſalpêtre & le feu, & que le Mont-Véſuve, au rapport d'un Napolitain, eſt une voix lactée en comparaiſon de ce fameux Club qui communique à tous les ſouterrains du Royaume.

Réponſe datée du Scioto.

Nous ſommes ici ſous un beau ciel, mais nous n'avons que cela. Il y a bien dequoi brouter, mais juſqu'à ce que nos plantations produiſent, ce n'eſt que de l'herbe & par-tout de l'herbe.

Les arbres ſont ici magnifiques, & nous avons par-tout établi des jeux d'eſcarpolette, de ſorte que d'après les décrets de l'Aſſemblée, l'on peut dire mieux que jamais, ſaute Préſident, ſaute Marquis.

On s'accoutume à nous voir avec nos robes ſénatoriales, quoique l'autre jour un buffle, comme s'il eût reçu des leçons de

Martineau, pourfuivir avec acharnement un de nos Meffieurs.

Je me fuis baignée une fois dans l'Oyo ; mais depuis que j'ai appris que les Algonkins & les Iroquois venoient s'y laver exactement, je ne puis plus fouffrir une onde auffi fauvage.

Je n'aimai jamais les mélanges, & j'étois affez fâchée, quand j'étois à Paris, de boire la même eau que tout le monde buvoit.

Auffi me féparerois-je dès demain de mon mari, quoique je l'aime bien, pour peu qu'il s'avifât de voir une autre femme ; c'eft bien affez qu'il m'approche.

Nos repas font ici tout-à-fait plaifans ; il faut un indicateur des plats ; il y a des oifeaux & des poiffons fi étranges dont on ne peut retenir les noms, mais qui fe font manger, parce qu'ils flattent la vue & le goût.

On voit ici des hommes & des femmes qui fe couvrent de feuilles, & qui danfent fur un feul pied avec une agilité furprenante ; d'autres qui s'ouvrent la veine & qui vous apportent de leur fang dans une écuelle de bois comme une marque de leur refpect.

Eh bien, nous n'aurions point connu ces phénomènes, fi nous n'euffions jamais quitté Paris. On a beau favoir fon Palais-Royal par cœur, on n'a que des connoiffances bien futiles. Quand le Scioto fera peuplé, on y apprendra des chofes dont les Académies, & même la Sorbone, n'ont pas d'idée. Adieu, je fuis à vous plus qu'à moi-même.

Il étoit tout naturel qu'on fe vangeât de l'Affemblée Nationale, & voici le moyen dont on s'y prit ; on fit venir d'énormes ballots contenant toutes les brochures extravagantes qui fe débitent dans Paris depuis plus de dix-huit mois fans relâche, comme fans pudeur ; & lorfqu'on les eut débalé, on les condamna *in globo* dans un requifitoire émané de l'éloquence, connue du célèbre Magiftrat qui ouvrit la bouche tant de fois fur différens objets.

On joignit à cette condamnation celle du Décret qui fupprime les Parlemens, & tous ces écrits ne purent échapper à la lacération, non plus qu'à la brûlure. On en fit un auto-dafé, non au pied de l'efcalier du Palais, car il étoit au rez-de-chauffée, mais devant la porte qui n'étoit pas encore peinte ; non par le miniftère d'Yfabeau, mais par celui d'un Moine, qui dit qu'il le feroit, pourvu qu'on lui promit cent acres de terres. On en donne comme des petits pâtés.

L'on ne fait jufqu'où les cendres de ces éclatantes brochures fe répandirent ; le Ciel en étoit obfcurci, & le vent qui fouffloit alors, feconda parfaitement les deffins du nouveau Sénat.

On défendit la liberté de la preffe ; & il faut obferver, excepté quelques caractères qu'on réunit comme on pouvoit pour imprimer le requifitoire, il n'y avoit encore ni imprimerie, ni imprimeur. La raifon que l'Avocat-Général donna de cette profcription, c'eft que tout père de famille qui auroit une fille vertueufe, incapable de donner prife fur fa conduite, rifquoit de la voir diffamée dans des pamphlets par la méchanceté des écrivains fatyriques, & qu'alors il ne pourroit jamais l'établir, comme ayant été publiquement vilipendée.

L'on chargea un des Membres du Sénat de parcourir les Décrets de l'Affemblée, & de les combattre par des raifons, autant qu'il feroit poffible ; mais il y en a, difoit-il lui-même, fur lefquels je ne puis abfolument mordre.

Il n'y avoit encore à la Buvette que de l'eau-de-vie & du bran-de-vin ; car les vins de Bourgogne & de Bordeaux n'étoient pas encore arrivés ; par ce moyen on s'y arrêtoit peu.

L'on trouva dans le corps d'un ferpent

un affignat, & malgré la cupidité qui règne de toutes parts, on n'ofa le faire circuler, dans la crainte d'être empoifonné ; & par efprit de méchanceté, l'on nomma l'animal, le ferpent *Necker*.

Toutes les fois qu'il y aura des hommes mécontens, il y aura des vengeances. Le Parlement ne pouvoit voir fans émotion fa robe profcrite, ainfi que fon nom, ce qui lui faifoit dire que les jugemens de l'Affemblée étoient *ab irato* ; & que fi l'on faifoit un teftament qui eût cette tache, il feroit de toute nullité.

Mais c'étoient des cris du Scioto.

La vieille Comteffe de * * écrivoit alors de Paffy, où elle prenoit l'air, à fa fille, Préfidente à Mortier, je foule actuellement fous mes pas le terrain qu'à occupé le fameux Francklin, le premier auteur de la préfente révolution ; car c'eft lui, ma fille, & non un autre, qui en a jetté les fondemens.

Ce qu'il y a de fingulier, ajoutoit-elle, c'eft que le Parlement s'en va, quand le palais s'achève, que les Génovefains décampent, lorfque l'Eglife de Sainte - Geneviéve eft fiie, que le Chapitre de Paris eft congédié, quand on réimprime le bréviaire, & que la Congrégation de St-Maur eft fupprimée, au moment qu'elle en a un nouveau.

Nous verrons bien d'autres prodiges, si nous vivons ! Cela ne m'afflige que parce que je ne vous vois plus ; car je fuis Démocrate outrée pour tout ce qu'on fait de bon en faveur du peuple, & Aristocrate enragée pour tout ce qui n'a d'autre objet que d'avilir & d'écraser la noblesse.

Il y a huit jours qu'on dégalone mes livrées, & qu'on barbouille les armoiries de mes voitures, ce que mes cochers ne veulent pas ; car ils ont de la vanité à mener des carrosses ornés d'écussons. Les laquais de votre tante vinrent lui dire hier que, puisqu'ils n'avoient plus de livrée, ils vouloient manger à l'office comme le maître d'hôtel , & j'allois y consentir, quand les gens d'office m'ont declaré qu'ils protesteroient contre le décret de l'Assemblée, & que jamais ils ne souffriroient que les états fussent confondus.

Ils nous demanderont, au premier moment, à manger avec nous ; & je crains qu'on ne soit obligé de se servir soi-même. Je le dis hier à trois Députés qui soupèrent chez moi, & ils en rirent. La petite nièce se fâcha sérieusement, en leur disant , rira bien qui rira le dernier. C'est le propos d'un enfant, & je ne crois pas que cela soit relevé comme le principe d'une contre-révolution, à moins qu'un Marat ne prenne la chofe au tragique. Je vous avoue que MM. de l'Affemblée ou de la Municipalité feroient bien d'empêcher toutes ces allarmes fur de prétendues conf-pirations, au lieu de les fouffrir; car il n'y a que cela qui arrête le numéraire.

Je tremble encore du décret qu'on devoit lancer contre les chiens. Il y en a tant, & tant chez moi, que j'aurois payé des fommes énormes. Je ne fais fi les chats auroient évité la contribution.

Notre pays, jadis fi brillant, fe dépeuple à vue d'œil. Il n'y a pas jufqu'à nos Comédiennes, qui parlent d'aller à Stokolm & jufqu'à Strasbourg.

L'Abbé de Clairvault, réduit à fix mille livres de rente, après en avoir eu quatre cents mille, s'écrioit l'autre jour : le pire de tout cela, c'eft qu'il faudra que mon eftomach, accoutumé à s'ouvrir largement, prenne actuellement la mefure de ma petite fortune, & qu'il fe rapetiffe des trois quarts. Le Mécin a beau lui dire que la diette le fera vivre plus long-tems, il répond qu'il penfe, au contraire, que toutes les maladies ne viennent que de ce qu'on ne mange point affez, par la raifon que la maladie ne peut entrer lorfque tout eft plein.

Vous conviendrez, ma fille, que c'eft bien ici le raifonnement d'un Bernardin.

Je vous embraffe de toute mon ame, & je vous fouhaite beaucoup de patience & beaucoup de fanté.

De nouvelles familles débarquent fréquemment au Scioto, & ce qu'il y a de plaifant, c'eft qu'on y porte tous les habits de livrée qui étoient à Paris, & qu'Algonkins, Iroquois, les endoffent avec admiration. Ils font ravis de voir ces différentes couleurs, & c'eft ainfi que la différence des lieux change les ufages, & que ce qui ne vaudra plus rien ici, fera merveilleux au Scioto.

L'on reconnoîtra facilement que cette petite brochure n'eft qu'un jet de gaîté, & qu'il eft impoffible que les François exiftent fans rire quelquefois. Quand Boileau donna fon Lutrin, il ne fâcha que deux Chanoines de la Ste-Chapelle, qu'on connoiffoit pour des êtres fans efprit, par la raifon que les gens fenfés favent fe prêter au badinage, & diftinguer l'Ecrivain qui s'amufe de celui qui calomnie.

Croiroit-on qu'une femme de la haute-robe, enchantée d'avoir lu cette brochure en manuscrit, vouloit que l'Auteur lui en fît hommage dans une dédicace qui répondît au sujet? Elle donnoit pour raison que depuis le Décret qui confond les états, il lui importoit peu d'être *Madame la Savetiere* ou *Madame la Conseillere de Grand'Chambre;* que d'ailleurs, pour vivre long-temps, elle rioit de tout, ayant appris par l'histoire que le pleureur Héraclite ne vécut que cinquante ans, tandis que le rieur Démocrite ne mourut qu'à quatre-vingt-onze. *Eh! mangez votre chapon avec joie,* disoit l'autre jour un plaisant, *sans vous informer si c'est le Clergé, la Noblesse ou le Tiers-état qui l'ont engraissé, & mangez-le sans façon avec M Mirabeau & Maury, Cazalès & Barnave; bien entendu que vous les laisserez payer, d'autant mieux que leurs dix-huit francs par jour leur arrivent sains & saufs, & sans passer dans la rue Vivienne.*

F I N.